© Marcello Ferri Editore, L'Aquila 1983
Deutsche Ausgabe 1988:
Verlag Anton Schroll & Co, Wien und München
Titel der italienischen Ausgabe: Terra d'Abruzzo
Aus dem Italienischen übersetzt von Margret Millischer, Wien
Alle Rechte der Reproduktion, auch der teilweisen,
des Textes und der Bilder sind für die ganze Welt
vorbehalten.
Printed in Italy
ISBN 3-7031-0635-2

Abruzzen

Fulvio Roiter · Fotos    Mario Pomilio · Text
# Abruzzen

Verlag Anton Schroll & Co · Wien und München

Mario Pomilio

„Weiter noch als die Abruzzen", ließ Boccaccio eine seiner Personen sagen, um damit die Idee des weit Entfernten, Entlegenen, Märchenhaften zum Ausdruck zu bringen. Und dieser Satz Boccaccios kann sicherlich auch im übertragenen Sinn verstanden werden, um uns eine Vorstellung von den Lebensbedingungen und der Geschichte der Abruzzen, zumindest noch bis vor einigen Jahrzehnten, zu geben. Die zahlreichen Bergschranken, die die Abruzzen von den angrenzenden Gebieten trennen und sie darüber hinaus in viele kleine, voneinander unabhängige und schlecht miteinander verbundene Einheiten zerscheiden, das Fehlen von entsprechenden Straßen und Häfen und nicht zuletzt auch die Politik waren schuld daran, daß die Abruzzen bis 1860 ein Grenzgebiet waren, dessen politische Hauptstadt Neapel weit entfernt war und in dem der Handel mit Latium, Umbrien und den Marken schwierig und kaum entwickelt war. Alle diese Faktoren haben dazu beigetragen, daraus jahrhundertelang ein geheimnisvolles und tatsächlich abgelegenes Land zu machen, in dem das Bestehende mehr zählte als Veränderungen. Im Volkscharakter, in den Gebräuchen, in der Lebensart und sogar in den Gefühlsäußerungen spiegelt sich etwas Mythisches aus grauer Vorzeit wider. Es ist kein Zufall, daß die Abruzzen am Ende des 19. Jahrhunderts von den Volkskundlern als Besonderheit und geradezu als Einzelfall angesehen wurden und sie aus diesem Grund auch eine ganz eigenständige Literatur hervorgebracht haben. Und es ist auch kein Zufall, daß die beiden bedeutendsten aus dieser Gegend stammenden Schriftsteller, Gabriele d'Annunzio und Ignazio Silone, trotz ihrer völlig unterschiedlichen Sensibilität schließlich doch beide etwas Ähnliches gespürt haben, wenn der eine zur Charakterisierung der Abruzzen den Ausdruck „primitives Heidentum", der andere „mittelalterliches Christentum" verwendete. Dabei handelt es sich selbstverständlich um extreme Sehweisen, die umso mehr relativiert und nuanciert gesehen werden müssen, als die Abruzzen nichts Einheitliches sind, sondern viele Gesichter aufweisen: man muß nur daran denken, wie unterschiedlich etwa die Küste und der gebirgige Teil sind. Wer dieses Land genau kennt, der weiß um seine tausend verborgenen Eigenheiten und auch davon, wie sehr die von außen kommenden Einflüsse gefiltert und abgewandelt wurden, bis sie schließlich eigenständige und häufig auch äußerst originelle Schöpfungen ergaben. So kann man von einer eigenen Geschichte der Abruzzen sprechen, wenn man darunter eine Bewegung und Spannung versteht, die eine eigene Kultur hervorbringt. Diese hat zwar in der Literatur nur spärliche Spuren hinterlassen, sie findet sich vor allem in Stein gehauen: etwa auf den strengen, kaum gegliederten Fassaden der mittelalterlichen Kirchen, die einfach unverwechselbar sind. Es stimmt wohl auch, daß von allen Regionen Italiens in den Abruzzen vielleicht die engste Verbindung zwischen Natur und Geschichte bestand und die Natur jedenfalls mehr als anderswo die Geschichte bestimmte. Dabei denken wir diesmal nicht so sehr an die Isoliertheit der Gegend, die – wie bereits erwähnt – weitgehend auf die natürlichen Gegebenheiten zurückzuführen ist. Wir denken vielmehr an die Fähigkeit der Menschen, sich jedesmal von neuem an die besondere geographische Lage anzupassen und Fall für Fall die geeignetsten Lösungen zu finden. Wir denken zum Beispiel an die kleinen Abruzzendörfer, die einmal auf einem Hügel, dann wieder auf einer Bergspitze oder direkt auf einem Felsvorsprung herauszuwachsen scheinen und sich nicht nur harmonisch in die Landschaft einfügen, sondern selbst zu einem wesentlichen Bestandteil und Schmuck mancher wunderbarer Landstriche geworden sind.

Die Dorfformen, die sich im Laufe der Zeit langsam herausgebildet haben, sind zweifellos die originellste kulturelle Errungenschaft der Abruzzen. Natürlich wurden sie nicht nach einem vorher erstellten Gesamtentwurf ausgeführt, und doch wirken sie so, als ob ihnen ein genauer Plan und ein geheimes Schönheitsideal zugrunde läge. Es gibt Hunderte davon, von denen jedes eine Entdeckung für sich ist, jedes einzelne eine Besonderheit darstellt. Einige ragen aus der grünen Hügelkette entlang der Adriaküste heraus und steil und klar in den Himmel hinein, andere wieder hängen terrassenartig herunter oder liegen hoch oben an den Abhängen des Apennins, bestehen aus demselben Stein und scheinen mit dem Berg verwachsen zu sein. Alle jedoch erzählen gleichermaßen von einem harten Leben in Armut und Abgeschiedenheit, hinter dem die lange Reihe vergangener Knechtschaften steht. Und doch scheinen bei diesen Dörfern ganz bestimmte Werte verwirklicht zu sein: die gelungene Verschmelzung mit der Natur, der unausgesprochene Drang zum Schönen, weg vom Oberflächlichen und nur Gefälligen, und etwas, was man als Gestaltungstalent bezeichnen könnte. Denn man hat tatsächlich den Eindruck, als ob eine unsichtbare ordnende Hand die Stellung der Dinge nach logischen und einfachen Gesichtspunkten bestimmt hätte, die scheinbar kaum etwas mit Kunst zu tun haben, sich bei genauerem Hinsehen jedoch als bedeutende städtebauliche Leistungen, genauer gesagt als einzigartige Bühnenbilder entpuppen.

Doch der Städtebau in den Abruzzen ist ein viel zu bedeutendes und meist zu wenig beachtetes Kapitel, als daß nicht noch einige zusätzliche Bemerkungen angebracht wären. Dabei sind die größeren und kleineren historischen Zentren der Abruzzen zu erwähnen, L'Aquila, Teramo, Chieti, Lanciano, Sulmona, Atri, deren Anlagen unserer Ansicht nach, zumindest in ihrem alten Kern, optimale Voraussetzungen für ein gutes Zusammenleben bieten und den verschiedenen menschlichen Bedürfnissen ideal angepaßt sind: mit Hauptstraßen, die zum Verweilen einladen und oft in einen Park münden, mit Plätzen, die für Feste ebenso wie für die farbenprächtigen Märkte geeignet sind, mit Seitenstraßen, in denen völlig unerwartet Kirchenfassaden und architektonisch bedeutende Gebäudeschauseiten auftauchen. Neben dem Bauern- und Hirtendorf stellt nämlich die mittlere, zugleich aristokratische und bürgerliche Provinzstadt die zweite eigenständige kulturelle Leistung der Abruzzen dar. Man muß dabei zwar wegen offensichtlicher Analogien an gewisse Städte in Umbrien und den Marken denken, jedoch fallen schließlich eher die Unterschiede ins Gewicht. Man kann unschwer erkennen, wie bestimmte Städtebaumodelle von dort übernommen und abgewandelt wurden, bis sie schließlich eigenen Gesetzen gehorchten.

Doch ist allgemein bekannt, daß die Naturschönheiten in den Abruzzen die von Menschenhand geschaffenen übertreffen. Auch wenn heute leider viele dieser Schönheiten bedroht oder für immer verloren sind. Wer kann sich zum Beispiel heute noch vorstellen, wie die Strände in den Abruzzen ausgesehen haben, bevor sie einer der katastrophalsten Spekulationen dieser Jahre zum Opfer gefallen sind? Oder wer erinnert sich noch an die fast unwirkliche Schönheit mancher versteckter Gebirgszonen, die nun vom Fremdenverkehr täglich stärker in Mitleidenschaft gezogen werden? Und doch gibt es auch heute noch kaum berührte Naturlandschaften oder Gegenden, die der Mensch behutsam gestaltet und nicht vergewaltigt hat, was zu einer gelungenen Verschmelzung geführt hat. Das gilt etwa für die gesamten hügeligen Gebiete mit ihren grünen welligen Formen, den klaren Umrissen und dem von überall aus gut sichtbaren blauen Meeresstreifen im Hintergrund. Das sind die sanften, freundlichen und ländlichen Abruzzen, die in vielen Dialektgedichten und Volksliedern besungen werden, die von Freude, Leidenschaft und Heimweh künden und die bis vor kurzem hier beheimatete, lebendige Volkskunst am besten verkörpern. In ihnen kommt die Mentalität der Bewohner der Abruzzen besonders deutlich zum Ausdruck mit ihrem Gemisch aus Traurigkeit und Frohsinn, ihrem zurückhaltenden und gleichzeitig feurigen Temperament.

Die meisten Überraschungen jedoch hält das Landesinnere der Abruzzen für den bereit, der urtümliche und legendenumwitterte Gegenden liebt. Dort liegen, wie Nester zwischen den Apenninengipfeln eingebettet, Hochebenen und Täler, wo ausschließlich das Grün in seinen verschiedenen Farbtönen dominiert. Angefangen vom Grün naturbelassener Wiesen, die bisweilen von niedrigen Steinmauern durchzogen sind, die uralte und bedeutungslos gewordene Grenzen markieren, bis zu dem Grün der nahezu undurchdringlichen Wälder, die die Abhänge der Berge bedecken, bis der nackte Fels wieder die Oberhand gewinnt mit seinen steilen Wänden und kahlen Massiven, die im Sommer grau, im Winter verschneit sind. Der Mensch hat hier zwar Viehherden gezüchtet und einige Flecken Land bebaut, aber letztendlich davon Abstand genommen, die Umwelt grundlegend zu verändern, vielleicht, weil er gespürt hat, daß dies die Voraussetzung für sein Überleben war.

In dieser Umgebung wird verständlich, daß auch die Entwicklung des Menschen hier ganz anders vor sich gegangen ist, gewissermaßen außerhalb von Zeit und Geschichte. Politische Macht zählte hier niemals viel, und wenn überhaupt, war es die Kirche, die kulturelle Werte vermittelte, Verhaltensnormen und Regeln für das Zusammenleben aufstellte. Die Wirtschaft veränderte sich kaum, und wenn, dann nur ganz langsam. Bis an die Schwelle des 20. Jahrhunderts schien alles darauf hinzuweisen, daß die althergebrachten Gebräuche, Gewohnheiten, Rituale und Werte weiter bestehen blieben. Erst die plötzliche Öffnung der Grenzen, die im Technologiezeitalter stattfand, konnte hier radikale Änderungen herbeiführen. Doch blieb nicht genug Zeit, eine Reihe von Dingen zu retten, denen wir nun nachweinen.

Auch wenn noch so viel über das Pittoreske, Charakteristische, Folkloristische der Abruzzen geredet wird, müssen wir das Verschwinden von tausend Eigenheiten, die schließlich das Besondere einer bestimmten Region ausmachen, einfach als Verlust bezeichnen. Und doch geben wir in diesem Zusammenhang gerne zu, daß wir, bevor wir Roiters Bilder gesehen hatten, überzeugt davon waren, die Lage sei noch viel schlimmer.

Wenn man nämlich so wie wir den Niedergang der Abruzzen, den Verfall wunderschöner, sich nach und nach entleerender Dörfer und die Verschandelung vieler Städte miterleben mußte, so hat man keine genaue Vorstellung mehr vom Gesamtausmaß des Wandels, der sich in diesen letzten Jahrzehnten vollzogen hatte. Es schien uns insgesamt, daß die Abruzzen, wie wir sie in der Jugend gekannt hatten, nunmehr nur noch eine Erinnerung darstellten. Doch die großartigen Bilder, die Roiter mit seinem Apparat eingefangen hat, sind ein Beweis dafür, wie vieles noch erhalten geblieben ist. Sie zeigen, wie ein geschulter Blick und eine entsprechende Einfühlungsgabe das Wesentliche und Bedeutsame herauslösen und den Dingen auf den Grund gehen können. Die Bilder sind viel mehr als nur ein ästhetischer Genuß, den Roiter uns ständig mit seinen meisterhaften Einstellungen bietet. Er hat eine Art der Entdeckungsreise unternommen und versteht es, unsere Sehweise zu erneuern und uns Dinge neu vor Augen zu führen, die wir entweder endgültig verschwunden glaubten oder aus Gewohnheit nicht mehr wahrnehmen konnten. Dazu kommt noch, daß er die Region in einem kritischen Moment, in einer typischen Übergangsphase aufnimmt und uns sowohl den Wandel wie auch das Bleibende nahebringt. Er zeigt uns, wie man immer wieder auf etwas Unerwartetes trifft, wenn man es nur aufzuspüren versteht. Kurz, er erzieht unser Auge, lehrt uns, wieder zu sehen, und appelliert gleichzeitig an unsere Sensibilität, wobei er uns gewisse faule Gewohnheiten von übersättigten oder durch ein Zuviel an Neuem abgestumpften Betrachtern ablegen läßt. Aber vor allem läßt er vor uns das Bild einer wunderschönen Gegend mit einer organisch gewachsenen, letztlich doch noch nicht zerstörten Kultur erstehen. Und das ist eine beachtliche Leistung.

# Die Landschaft

DER NATIONALPARK
DER GRAN SASSO
DIE MAIELLA
DIE HOCHEBENEN
DIE HÜGEL
DER FUCINO
DAS MEER

12.13

16.17

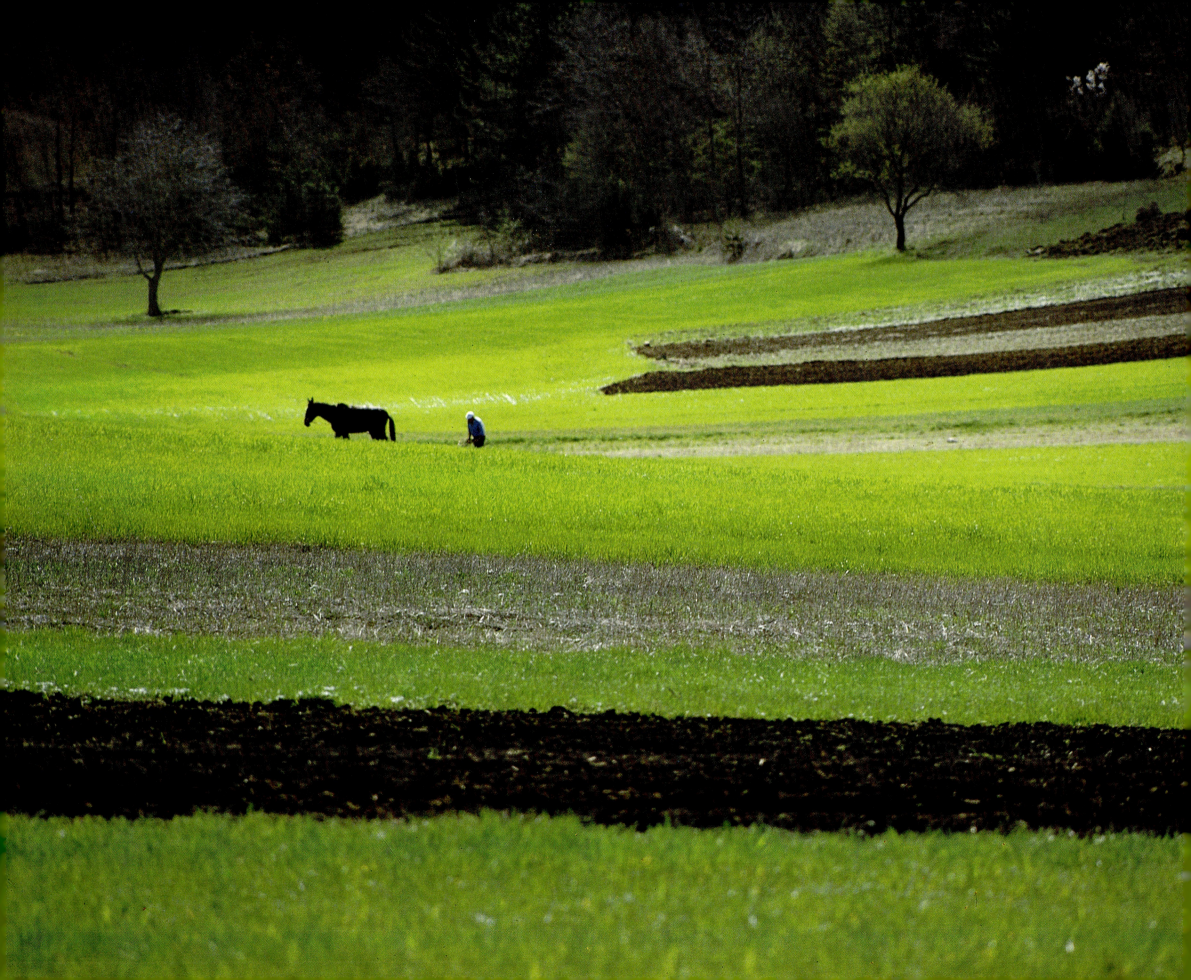

1.2.3.4.5.6.7.8.9.10.11.

## DER NATIONALPARK

Der 30.000 Hektar große Nationalpark, das grüne Herz der Abruzzen, kann als letzter Überrest einer großartigen Landschaft angesehen werden, in der die Natur dominierte und jegliche Tätigkeit des Menschen bestimmte.

Bis 1870 gab es hier, abgesehen von Maultierpfaden, kaum Straßen, und die Menschen hatten sich so unaufdringlich und organisch in die Natur eingefügt, daß sich Ökosysteme erhalten hatten, die anderswo bereits bedroht waren. Die Errichtung des Parks im Jahr 1923 hat trotz aller gesetzlichen Widersprüche letztlich dazu beigetragen, dieses Gebiet zu retten.

Die uralten Wälder, die ihre Farben im Wechsel der Jahreszeiten verändern, sind von plötzlichen Lichtungen unterbrochen und dienen heute als letzte Zufluchtsstätte für Tiere, die sonst bereits ausgestorben sind: Wölfe, Bären, Adler, Gemsen; nach wie vor sind sie eindrucksvolle Zeugen der Natur, die einst die italischen Völker umgab und trennte, und auf ihre Kultur und ihre Mythen einwirkte. Durch diese undurchdringlichen Wälder und über diese Lichtungen führten einst die rituellen Wanderungen der „italischen Frühlinge", diese Wälder waren ebenso Zufluchtsort für Räuber wie Überlebensquelle für ihre Bewohner, sie waren der natürliche Zusammenhalt einer Gesellschaft, die mit der offiziellen Macht keine Verbindung hatte: die allgemein anerkannten Gewohnheitsrechte, wie das Holzsammeln und das Weiderecht, bestätigten den Einfluß der lokalen Gemeinden gegenüber den Feudalherren; hier wurden Wölfe und Bären gejagt, hier trieben Wilderer ihr Unwesen. Diese letzten Wälder bedeuten also viel mehr und sind nicht nur eine Stätte, an der die Schönheiten der Natur erhalten werden.

12.13.14.15.16.17.18.19.

## DER GRAN SASSO

Das Massiv war jahrhundertelang das Ziel des Viehtriebs bei der Wechselweidewirtschaft und daher bereits sehr früh und auch in späterer Zeit Sammelpunkt von Kulturen, aber gleichzeitig unüberwindliche, natürliche Grenze im Landesinneren der Abruzzen.

Die Abgeschlossenheit dieser Gegend, die gleichzeitig ein Kreuzungspunkt war, bestimmte die Handels- und Wirtschaftsbeziehungen der am Fuß der Berge gelegenen Siedlungen, die sich im Laufe der Zeit dem Massiv angepaßt haben.

Francesco De Marchi bestieg, von wissenschaftlicher Neugier getrieben, den „Corno Monte" im August des Jahres 1573, um die Höhe der Gipfel zu bestimmen. Der „Campo Imperatore" wieder ist eine ausgedehnte Weidefläche, die den Viehzüchtern jahrhundertelang Unterhalt und Reichtum sicherte und einst riesigen Herden Nahrung bot.

Viele Jahrhunderte hindurch beruhten die Gesellschaftsordnung, die Handelsbeziehungen, der Aufschwung von L'Aquila und der anderen am Fuß des Gebirges gelegenen Städte auf diesen üppigen Weiden und der Wechselweidewirtschaft, das heißt auf der Praxis, im Sommer die Herden auf diesen Bergen und im Winter auf dem apulischen Tafelland weiden zu lassen, wobei jeweils ganz bestimmte für den Viehtrieb vorgesehene Pfade benutzt wurden.

20.21.22.23.24.25.26.27.
### DIE HOCHEBENEN
Der Anbau des Safrans, die Mandelbäume und die Viehzucht waren schon immer für die Landschaften dieser weiten Hochebenen charakteristisch und sind es auch heute noch.

Die nahegelegenen Berge grenzen diese Landschaft ab, die aus weiten Feldern mit traditionellen Anbauformen, einsamen Feldkirchen und Bauernhöfen besteht, die die Märkte der Provinzstädte täglich beliefern.

Diese Wirtschaftsformen waren auch die Ursache für das Entstehen und die Entwicklung der zahlreichen kleineren Siedlungen im Landesinneren der Abruzzen, die regen Handel mit landwirtschaftlichen Produkten betrieben. In der Bronzezeit und danach in der italischen Epoche gab es hier nur steinerne Begrenzungsmauern für den Viehtrieb entlang der dafür vorgesehenen Wege, später römische Dörfer und im Mittelalter Kastelle und befestigte Marktflecken, die heute großteils die letzten Überreste vergangener Kulturen darstellen.

Die Abruzzen-Straße, die entlang der wichtigsten Hochebenen – Ebene von Cascina, Aterno-Tal, Hochebene von Navelli, Peligna-Tal – verlief und die Verbindung zwischen Florenz und dem Norden und Neapel darstellte, war das Rückgrat dieses Wirtschaftssystems, denn auf ihr wurden die landwirtschaftlichen Produkte und der Safran zu den internationalen Märkten befördert.

28.29.30.31.32.33.34.35.
### DIE HÜGEL
Gelangt man in tiefere Lagen, so findet man statt der Steinbauten nach und nach Ziegelbauten, die an den Rändern der Täler und Hochebenen gelegenen geschlossenen Zentren weichen verstreuten Siedlungsformen.

Olivenbäume durchsetzen die Getreidekulturen, befinden sich jedoch unausweichlich im Rückzug gegenüber der ständigen Zunahme der Felder. Statt der fetten, schwarzen Erde der Hochebenen finden wir hier Lehmböden, das Land weitet sich nach und nach, wobei die Hügel zum Adriatischen Meer hin immer flacher werden.

36.37.38.39.

DER FUCINO

Ein Versuch zur Trockenlegung des Sees war bereits in römischer Zeit erfolgt, doch erst 1875 gelang das kolossale Unternehmen mit Hilfe eines entsprechenden Einsatzes an technischen und organisatorischen Mitteln. Es bedeutete eine grundlegende Veränderung aller vorher bestehenden Umweltbeziehungen, und auch die wirtschaftlichen Verhältnisse wandelten sich.

Die Tatsache, daß plötzlich neues Land inmitten der alten Strukturen zur Verfügung stand, führte allmählich zu einer Umstoßung der bestehenden sozialen Ordnung, die auf der Ausbeutung der Landarbeiter beruhte. Die Agrarreform, die Zusammenlegung von Feldern und neue Eigentumsverhältnisse haben diese Landschaft hervorgebracht. Im Gegensatz zu den kleinen Anbauflächen, die eine Folge der jahrhundertelangen Erbteilungen waren, und zu den armseligen Feldern der Hochebenen muten die gewaltigen Ausmaße und die schachbrettartige Aufteilung des Landes, die nur vom Flugzeug aus voll zu erkennen ist, geradezu wie etwas Unwirkliches an.

Dort, wo einst der See lag, werden nun Zuckerrüben und Getreide industriell angebaut; dazwischen befinden sich die nach der Agrarreform künstlich angelegten Hütten und Dörfer. Doch auch diese Landschaft gehört nun zu den Abruzzen und entspricht der neuen Dimension der Autobahnen.

40.41.42.43.

DAS MEER

Nur noch wenige Küstenlandschaften sind von der Verschandelung, die hier wie auch anderswo die italienische Küste praktisch zerstört hat, verschont geblieben. Bei ihrem Anblick fühlt man sich an die Kindheit, an Fellini und an literarische Vorbilder erinnert und muß an Sommerferien, Strandkabinen, Sonnenschirme und Pinienwälder denken.

# Die Bewohner

DIE MENSCHEN
DIE RELIGION
DIE ARBEIT

49.50

44.45.46.47.48.49.50.51.52.53.54.55.56.57.58.59.60.

## DIE BEWOHNER

Die rätselhafte Figur des „Kriegers von Capestrano" (Bild 44) kann als Archetypus der verschiedenen Volksstämme angesehen werden, die zwischen dem achten und dritten Jahrhundert auf den Hochebenen und in den Tälern des geographischen Gebietes lebten, das wir heute Abruzzen nennen.

Pretuzen und Pizener in der Gegend von Teramo, Sabiner und Vestiner um L'Aquila, Vestiner und Peligner entlang des Pescara-Flusses, Equer und Marsen um den Fucino-See, alle Hirten- und Bauernvölker, die der römischen Expansionspolitik entschlossenen Widerstand entgegensetzten.

Die politische und administrative Neuorganisation des Landes nach den italischen Kriegen und der Machtzuwachs Roms hatten auf die hier bestehende Ordnung nur geringe Auswirkungen.

Das starre soziale System, das den natürlichen Gegebenheiten entspricht, hat die Unterschiede zwischen den einzelnen Volksstämmen im Laufe der Zeit eher noch verstärkt. Auch die albanesischen und lombardischen Völker, die wiederholt in der Folge von religiösen oder sozialen Verfolgungen geflüchtet sind und sich in der Gegend der Abruzzen – bei Pescocostanzo und Scanno – angesiedelt haben, haben ihre Eigenständigkeit beibehalten.

45.46.47.48.

## DIE MENSCHEN

Die Gesichter der alten Frauen sind von einem Leben harter Arbeit gezeichnet, wodurch sie einander und auch den Landschaften und Dorfformen des Landesinneren ähnlich werden. Diese zerfurchten, strengen Gesichter in ihrer fortschreitenden Unbeweglichkeit sind die letzten Zeugen dieser traditionsreichen Gegend, sie sind genauso schweigsam und verschlossen.

53.54.

## DIE RELIGION

Die Frömmigkeit der Bewohner der Abruzzen ist sehr stark mit naturhaften und heidnischen Elementen durchsetzt (wie z. B. die Schlangenprozession in Cocullo); Kult- und Feierstätten sind über die Jahrhunderte hinweg gleich geblieben. Noch heute kommt diese Haltung am deutlichsten in dem barocken Gepränge der traditionellen volkstümlichen Umzüge zum Ausdruck, die nicht nur in den kleineren Städten weiterbestehen.

Die Bruderschaften, die einst eine bedeutende Rolle in einer aus Kunst- und Handwerkszünften aufgebauten Gesellschaft spielten, führen heute noch die alten Traditionen weiter und zeugen von der einstigen Bedeutung der katholischen Kirche. Diese unterstützte nicht nur die Bevölkerung, sondern hatte auch großen Einfluß und Macht auf lokaler Ebene.

49.50.55.56.57.

## DIE ARBEIT

Die tägliche Arbeit ist in den Familientraditionen verwurzelt und besteht aus einfachen Handlungen, die über die Jahrhunderte gleich geblieben sind, wie das Brotbacken und das Versorgen der Herden. Diese Arbeiten sind der notwendige Hintergrund für andere, künstlerisch anspruchsvollere Tätigkeiten wie die Herstellung von Klöppelspitzen oder das Schmieden von Kupfer.

Der wirtschaftliche Niedergang der kleinen Städte und die damit verbundene Abwanderung der Bewohner hat dazu geführt, daß die berühmten Handwerkstraditionen inzwischen verlorengegangen sind. Diese Aufnahmen sind eine letzte Erinnerung an die einstige Blüte des Kunsthandwerks, das in der heutigen Konsumgesellschaft praktisch keine Bedeutung mehr hat.

# Dörfer und Städte

CELANO
AVEZZANO
SULMONA
L'AQUILA
CHIETI
TERAMO
ATRI
PESCARA

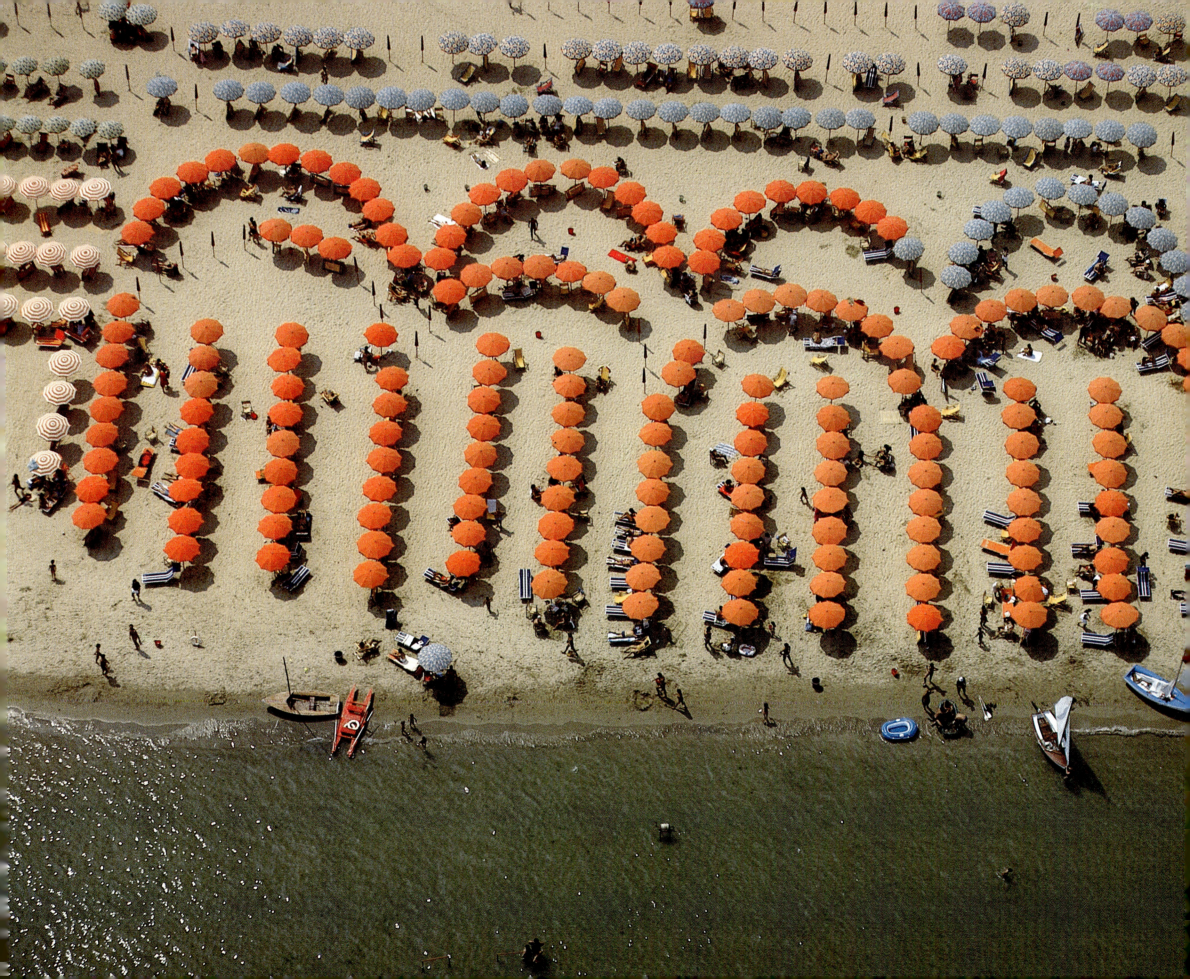

## 61.62.63.64.65.66.67.68.69.70.71.72.73.
### DÖRFER UND STÄDTE

Als das einheitliche römische Verwaltungssystem an die Stelle der verschiedenen italischen Kulturen trat, wurden mit Hilfe der sozialen und wirtschaftlichen republikanischen Organisation auch bestimmte Städtebaumodelle eingeführt.

Die teilweise ausgegrabenen oder in später erbaute Gebäude integrierten Thermen und Amphitheater zeugen heute noch von diesen römischen Stadtanlagen, die man mit geringen Abweichungen in allen römischen Gemeinden und Kolonien wiederfinden konnte, die entlang der Konsularstraßen – der Valeria, der Claudia-Valeria, der Numicia – gegründet wurden.

Das soziale Leben vor dem Jahr 1000 war durch die Zerstreuung der Bevölkerung und das Aufgeben der landwirtschaftlichen Tätigkeit gekennzeichnet. Die Volksstämme ließen sich großteils wieder bei den Siedlungen der Bronzezeit nieder, befestigten die Städte entlang der Viehtriebwege und die strategisch wichtigen Punkte an den Taleingängen, die lebenswichtige Bedeutung für die Verteidigung gewannen. Heute zeugen die wenigen Mauerüberreste zwischen den Steinen auf den Hügeln davon, daß kaum noch Menschen in dieser Gegend leben. Andere Zentren, die nicht nur von militärischer Bedeutung waren, haben sich im Laufe der Zeit der Landwirtschaft und dem Kunsthandwerk zugewendet. Die abgeschnittenen Türme und Wehrbauten der Anjou und Aragoneser halten jedoch heute noch die Erinnerung an die Feudalherrschaft wach, etwa in Salle. Zu dieser Zeit war die Königsherrschaft ständig durch die Macht der großen Fürstengeschlechter wie der Grafen von Marsi, Contelmo, Caldora, Sangro bedroht. Diese Gegend an der nördlichen Grenze des Reichs galt als die unruhigste, die sich den Versuchen der Staufer, dann der Anjou und Aragoneser, die Zentralmacht zu stärken, am entschlossensten widersetzte.

## 74.75.
### CELANO

Die Vertreibung der Bewohner und die Zerstörung des Dorfes und der Festung bedeuteten das Ende von Celano und der Grafen von Marsi, der mächtigsten Lehensherrn, die gegen Friedrich rebellierten. Das Stadtzentrum und das Piccolomini-Kastell, die einst hoch über dem See lagen, überschauen heute die Fucino-Ebene.

76.
## AVEZZANO
Die Stadt war durch ein Erdbeben am Beginn des Jahrhunderts völlig zerstört, jedoch mit großer Zähigkeit wieder aufgebaut worden und ist heute ein Landwirtschafts- und Industriezentrum.

77.
## SULMONA
Die einstige Heimat Ovids, eine römische und mittelalterliche Stadt, ist von den ältesten menschlichen Siedlungen der Gegend umgeben. Sie liegt mitten im Peligna-Tal am Kreuzungspunkt der einstigen Viehtriebs- und Durchzugswege.

78.79.80.81.82.83.84.85.86.87.88.89.90.
## L'AQUILA
Die Entstehung der neuen Stadt um die Mitte des 13. Jahrhunderts stellt das bedeutsamste Ereignis in der Geschichte der Abruzzen dar. Durch diese neue städtische Lebensform versuchte die lokale Bevölkerung, die Zwänge der Feudalherrschaft abzuschütteln. Ihre zentrale Lage an der „Abruzzen-Straße", die äußerst enge Verbindung mit den kleineren Städten, die zu ihrem Entstehen beigetragen hatten, die Verstädterung der Bewohner und die strategische Bedeutung an der Grenze des Königreiches Neapel mit dem Kirchenstaat bewirkten den rasanten Aufschwung dieser neuen Stadt, die mit ihrer Rechtsordnung und ihrem blühenden Kunsthandwerk mehr einer freien Gemeinde als einer südlichen Königsstadt glich.
Die Begriffe „L'Aquilana Libertas" und „Comitatus" zeugen vom relativ unabhängigen Status der Stadt und den engen Beziehungen zu den Siedlungen in der Umgebung, die im Laufe der Zeit auch das Stadtbild wesentlich prägen.
Die Beziehung der Stadt zu den kleineren Städten beruhte nicht nur auf der Zahlung von Abgaben, sondern fand ihren Niederschlag auch in der Aufteilung in Bezirke, in denen Kirchen errichtet wurden, die verschiedenen lokalen Heiligen geweiht waren. Vor allem ist hier auch die gemeinsame Nutzung der landwirtschaftlichen Ressourcen zu nennen, die den eigentlichen Reichtum der Gegend darstellten. Das auf die weitgehende Autonomie gegenüber der Anjou- und Aragoneserherrschaft begründete Selbstbewußtsein der Stadt fand seinen Ausdruck in den monumentalen Basiliken.
Nach der spanischen Unterwerfung und der Errichtung des Kastells, das weniger zur Verteidigung der Stadt diente, sondern vielmehr Sitz der Besatzungsmacht und Kerker war, verlor die Stadt, die die

Beziehungen mit dem Umland abgebrochen hatte, den Anschluß an die internationalen Märkte, erlebte ihren Niedergang bis zum Erdbeben von 1703, durch das sich das Aussehen der Stadt weitgehend veränderte.

Das heutige Nebeneinander der Überreste der alten Stadt, der nach dem Erdbeben errichteten barocken Gebäude, der romanischen Fassaden und der aggressiven, anonymen Bauten der sechziger Jahre entspricht unserer Zeit; dieses Ineinander von Stilen und Epochen charakterisiert das Stadtbild.

## 91.

### CHIETI

Das antike Teate war auf den Hügeln entlang des Pescara-Flusses gelegen, dort wo sich die Ebene öffnet, dominierend und etwas zurückversetzt, wie auch andere nahe am Meer liegende Städte. Die normannische und staufische Stadt war ein bedeutendes Verwaltungs- und Wirtschaftszentrum der Abruzzen, wovon Spuren noch im Stadtbild erhalten sind, wenn es auch durch die Bauten des 19. Jahrhunderts weitgehend verändert erscheint; unten im Tal befinden sich die Industriebauten aus jüngerer Vergangenheit.

## 92.93.

### SALLE – DIE BURG DER GENUESER BARONE

Die alte Festung, deren Ursprünge bis vor das Jahr 1191 zurückreichen, gehörte zu dem Verteidigungssystem, das an der Nordostflanke des Morrone entlang des Orta-Flusses angelegt worden war.

Der Wehrbau war in die Kämpfe zwischen Anjou und Aragonesern verwickelt, erlebte Kriege, Erdbeben, Erdrutsche und immer wieder Umbauten und architektonische Veränderungen. Das letzte Lehensgeschlecht, die Barone von Genua, haben die letzte Neugestaltung vorgenommen und sind auch heute noch für den ausgezeichneten Erhaltungszustand des Gebäudes verantwortlich.

## 94.95.96.97.

### TERAMO – ATRI

Die romanischen Kirchen mit ihren schlichten Fassaden und großen Fensterrosetten, ihren Portalen und Verzierungen weisen Elemente einer Architektur auf, die hier im Gebiet der Abruzzen eine besonders intensive Verbreitung gefunden hat. Davon zeugen die vielfältigen Modelle, die Abwandlung der Schmuckmotive, die ständige Vermischung der bereits bestehenden klassischen Bauwerke mit den neuen figurativen Ausdrucksformen.

98.99.100.

PESCARA

In den Nachkriegsjahren, als viele Bewohner die Städte im Landesinneren verließen, entwickelte sich Pescara zur größten Stadt der Abruzzen. Die moderne Stadt entstand in ungemein kurzer Zeit mit allen Widersprüchen und Gegensätzen, die derartigen Entwicklungen eigen sind und die das ursprünglich bestehende Gefüge in Unordnung brachten.

In der neuen Stadt sind nur wenige Spuren der beiden vorher hier bestehenden Siedlungen zu finden: Pescara an der Mündung des Flusses und Castellamare um die Bourbonenfestung waren einst zwei getrennte Städte, deren verschiedene Identität heute jedoch längst verlorengegangen ist.

# Fototechnische Daten

Schutzumschlag, Vorderseite: Das Dorf Castrovalva vom Flugzeug aus. Im März, um zwei Uhr nachmittag. Elmarit-R 90. Blende ganz geöffnet, Belichtungszeit 1/500. 64 ASA Film.

Schutzumschlag, Rückseite: Frau mit Brotlaiben in San Panfilo d'Ocre. Im März, um ein Uhr nachmittag. Elmarit-R 90. Blende 5,6, Belichtungszeit 1/125. 64 ASA Film.

Vorsatzblätter: Buchenwälder im Nationalpark vom Flugzeug aus. Im März, um 10 Uhr vormittag. Elmarit-R 90. Blende 4, Belichtungszeit 1/500. 64 ASA Film.

Frontispiz: Blühende Mandelbäume in der Gegend von L'Aquila vom Flugzeug aus. Im April. Elmarit-R 135. Blende 4, Belichtungszeit 1/500. 64 ASA Film.

**1.** Buchenwälder im Nationalpark vom Flugzeug aus. Im März, um 10 Uhr vormittag. Elmarit-R 90. Blende 4, Belichtungszeit 1/500. 64 ASA Film.

**2.** Bundesstraße 83 vor Pescacasseroli vom Flugzeug aus. Im März, um 10 Uhr vormittag. Elmarit-R 90. Blende 4, Belichtungszeit 1/500. 64 ASA Film.

**3.** Die Kirche von Gioia Vecchio und die Abhänge des Monte Turchio. Im März, um zwölf Uhr mittag. Elmar-R 180. Mit Polarisationsfilter. Belichtungszeit 1/125 und Blende 5,6. 25 ASA Film.

**4.** Die Ausläufer des Nationalparks. Im August, um zwölf Uhr mittag. Elmarit-R 90. Blende 4, Belichtungszeit 1/500. 64 ASA Film.

**5.** Lichtung im Nationalpark im Sommer vom Flugzeug aus. Im August. Elmarit-R 135. Blende 4, Belichtungszeit 1/500. 64 ASA Film.

**6.** Wald im Nationalpark. Im November. Elmarit-R 135. Blende 5,6, Belichtungszeit 1/30. Stativ. 64 ASA Film.

**7.** Wald im Nationalpark. Im November. Elmarit-R 180. Blende 5,6, Belichtungszeit 1/30. Stativ. 64 ASA Film.

**12.** Der Gran Sasso. Im Mai, um vier Uhr nachmittag. Elmar-R 180. Blende 8, Belichtungszeit 1/60. Polarisationsfilter. 64 ASA Film.

**13.** Der Gran Sassso. Im Mai, am Nachmittag. Elmarit-R 90. Blende 5,6, Belichtungszeit 1/125. 64 ASA Film.

**14.** Der Gran Sasso. Die Montagna di San Franco und die Zecca. Elmar-R 180. Blende 8, Belichtungszeit 1/30. Polarisationsfilter. 64 ASA Film.

**15.** Der Gran Sasso. Campo Imperatore. Im September. Elmar-R 180. Blende 8, Belichtungszeit 1/60. 64 ASA Film.

**16.** Der Gran Sasso. Campo Imperatore. Im September, am frühen Nachmittag. Summicron-R 35. Blende 4, Belichtungszeit 1/250. 64 ASA Film.

**17.** Der Gran Sasso. Campo Imperatore. Im September. Elmar-R 180. Blende 5,6, Belichtungszeit 1/250. 64 ASA Film.

**18.** Der Gran Sasso. Eine Schafherde. Im September, am Nachmittag. Elmar-R 180. Blende 8, Belichtungszeit 1/50. 64 ASA Film.

**19.** Hirte auf dem Weg zum Gran Sasso. Im Juni, am späten Nachmittag. Summicron-R 35. Blende 4, Belichtungszeit 1/250. 64 ASA Film.

**20.** Der Gran Sasso vom Flugzeug aus. Im Juni, zu Mittag. Elmarit-R 90. Blende 4, Belichtungszeit 1/1000. 25 ASA Film.

**21.** Letzte Schneeflecken in der Maiella. Im Mai. Elmarit-R 90. Blende 4, Belichtungszeit 1/500. 64 ASA Film.

**22.** Schäferhund in der Ebene von Cascina. Im September, zu Mittag. Elmar-R 180. Blende 5,6, Belichtungszeit 1/125. 25 ASA Film.

**23.** Schafherde in der Ebene von Cascina. Im September. Elmar-R 180. Blende 5,6, Belichtungszeit 1/125. 25 ASA Film.

**24.** Hirtenbub in der Ebene von Cascina. Im September, in der Früh. Elmar-R 180. Blende 5,6, Belichtungszeit 1/250. 64 ASA Film.

**25.** Die Ebene von Cascina. Im März, bedeckter Himmel. Elmarit-R 135. Blende 4, Belichtungszeit 1/250. 64 ASA Film.

**26.** Die Ebene von Navelli. Im Juni, in der Früh. Elmar-R 180. Blende 5,6, Belichtungszeit 1/250. 64 ASA Film.

**27.** Die Ebene von Navelli. Blühende Mandelbäume. Vario-Elmar-R 75-200. Blende 8, Belichtungszeit 1/60. Stativ. 64 ASA Film.

**28.** Olivenbäume in der Gegend von Atri. Im Juni, am Nachmittag. Telyt-R 350. Blende 8, Belichtungszeit 1/600. Stativ. 64 ASA Film.

**29.** Olivenbäume in der Gegend von Atri. Im Juni, am Nachmittag. Telyt-R 250. Blende 8, Belichtungszeit 1/30. Stativ. 64 ASA Film.

**30.** Isola del Gran Sasso. Garbe. Im Juni. Elmarit-R 90. Blende 5,6, Belichtungszeit 1/125. 25 ASA Film.

**31.** Ackerland in der Gegend von Atri. Im Juli, am späten Nachmittag. Telyt-R 250. Blende 8, Belichtungszeit $1/60$. Stativ. 64 ASA Film.

**32.** Landschaft in der Gegend von Atri. Im Juli, in der Früh. Summicron-R 35. Blende 5,6, Belichtungszeit $1/125$. 64 ASA Film.

**33.** Getreidefelder in der Gegend von Atri. Im Juni. Elmarit-R 28. Blende 5,6, Belichtungszeit $1/125$. 64 ASA Film.

**34.** Hügel in der Umgebung von Atri. Im Juli, am späten Nachmittag. Elmar-R 180. Blende 8, Belichtungszeit $1/60$. Stativ. 64 ASA Film.

**35.** Bauernhaus in der Gegend von Atri. Im Juni, am frühen Nachmittag. Telyt-R 250. Blende 8, Belichtungszeit $1/250$. 64 ASA Film.

**36.** Der Fucino. Die Ränder des Beckens vom Flugzeug aus. Im Mai. Summicron-R 50. Blende 4, Belichtungszeit $1/500$. 64 ASA Film.

**37.** Der Fucino. Anbaugebiete vom Flugzeug aus. Im Mai. Elmarit-R 90. Blende ganz geöffnet, Belichtungszeit $1/1000$. 64 ASA Film.

**38.** Der Fucino. Felder nach der Agrarreform vom Flugzeug aus. Im Juni. Elmarit-R 90. Blende 4, Belichtungszeit $1/500$. 64 ASA Film.

**39.** Der Fucino. Unterstände vom Flugzeug aus. Im Juni. Elmarit-R 135. Blende ganz geöffnet, Belichtungszeit $1/1000$. 64 ASA Film.

**40.** Das Meer bei Pescara vom Flugzeug aus. Im Juni. Elmarit-R 90. Blende 5,6, Belichtungszeit $1/500$. 64 ASA Film.

**41.** Pescara. Strandkabinen. Im Juni, am Nachmittag. Elmarit-R 90. Blende 5,6, Belichtungszeit $1/250$. Polarisationsfilter. 64 ASA Film.

**42.** Der Strand bei Pescara. Im Juni, am Nachmittag. Summicron-R 35. Blende 8, Belichtungszeit $1/125$. 25 ASA Film.

**43.** Pinienwald bei Pescara. Nachmittag im Juni. Elmarit-R 90. Blende 4, Belichtungszeit $1/60$. Stativ. 25 ASA Film.

**45.** Scanno. Im Juni, zu Mittag. Elmarit-R 90. Blende 4, Belichtungszeit $1/250$. 64 ASA Film.

**46.** Scanno. Nachmittag im August. Summicron-R 35. Blende 5,6, Belichtungszeit $1/125$. 64 ASA Film.

**47.** Scanno. Nachmittag im September. Elmarit-R 135. Blende 5,6, Belichtungszeit $1/125$. 64 ASA Film.

**48.** Scanno. Junimorgen. Elmarit-R 90. Blende 4, Belichtungszeit $1/125$. 64 ASA Film.

**49.** Scanno. Spitzenklöpplerin. Summilux-R 50. Blende 4, Belichtungszeit $1/125$. Stativ. 64 ASA Film.

**50.** San Panfilo d'Ocre. Frau mit Brotlaiben. Im März, um ein Uhr nachmittag. Elmarit-R 90. Blende 5,6, Belichtungszeit $1/125$. 64 ASA Film.

**51.** Cascina. Landwirtschaft und Schafzucht. Im Juli, in der Früh. Elmar-R 180. Blende 5,6, Belichtungszeit $1/125$. 25 ASA Film.

**52.** Pflügen im Fucino. Vom Flugzeug aus. Im März. Elmarit-R 90. Blende 4, Belichtungszeit $1/500$. 64 ASA Film.

**53.** Castelli. Prozession zu Ehren des Schutzheiligen San Eusanio. Summilux-R 50. Blende 4, Belichtungszeit $1/125$. 64 ASA Film.

**54.** Castelli. Prozession zu Ehren des Schutzheiligen San Eusanio. Summilux-R 50. Blende 4, Belichtungszeit $1/125$. 64 ASA Film.

**55.** Atri. Kupferschmied. Julimorgen. Im Schatten. Elmarit-R 135. Blende 5,6, Belichtungszeit $1/60$. Stativ. 64 ASA Film.

**56.** Atri. Kupferschmied. Julimorgen. Diffuses Licht. Elmarit-R 90. Blende 4, Belichtungszeit $1/250$. 64 ASA Film.

**57.** Atri. Kupferschmied. Julimorgen. Summicron-R 35. Blende 5,6, Belichtungszeit $1/60$. 64 ASA Film.

**58.** Atri. Kupferschmied. Julimorgen. Innenraum mit natürlichem Licht. Elmarit-R 28. Blende 5,6, Belichtungszeit $1/15$. Stativ. 64 ASA Film.

**59.** L'Aquila. Die Hauptstraße. Nachmittag im September. Summilux-R 50. Blende 2,8, Belichtungszeit $1/125$. 64 ASA Film.

**60.** L'Aquila. Die Hauptstraße. Nachmittag im September. Summicron-R 90. Blende 4, Belichtungszeit $1/125$. 64 ASA Film.

**61.** Massa d'Albe. Alba Fucens. Das Amphitheater. Vom Flugzeug aus. Im Juli. Elmarit-R 90. Blende 4, Belichtungszeit $1/500$. 64 ASA Film.

**62.** Ocre. Die Burg der Grafen von Marsi vom Flugzeug aus. Im März, in der Früh. Elmarit-R 90. Blende 4, Belichtungszeit $1/500$. 64 ASA Film.

**63.** Fossa vom Flugzeug aus. Im März, in der Früh. Elmarit-R 90. Blende 4, Belichtungszeit $1/500$. 64 ASA Film.

64. Blühende Mandelbäume in Capestrano. Aprilmorgen. Apo-Telyt-R 180. Blende 5,6, Belichtungszeit $1/125$. 25 ASA Film.

65. Navelli. Im Juli, zu Mittag. Super-Angulon-R 21. Blende 8, Belichtungszeit $1/250$. 25 ASA Film.

66. Navelli. Julimorgen. Diffuses Licht. Summicron-R 35. Blende 5,6, Belichtungszeit $1/125$. 64 ASA Film.

67. Navelli. Julimorgen. Diffuses Licht. Summicron-R 35. Blende 5,6, Belichtungszeit $1/125$. 64 ASA Film.

68. Navelli. Das Tor der Pfarrkirche. Summicron-R 35. Blende 8, Belichtungszeit $1/8$. Stativ. 64 ASA Film.

69. Navelli. Die Kirchentreppe mit dem Kreuzweg. Super Angulon-R 21. Blende 5,6, Belichtungszeit $1/125$. 64 ASA Film.

70. Anversa d'Abruzzo. Das Dorf und das sogenannte Tal des Schützen. Nachmittag im September. Elmarit-R 90. Blende 8, Belichtungszeit $1/125$. 25 ASA Film.

71. Häuser in Anversa d'Abruzzo. Nachmittag im September. MR-Telyt-R 500. Blende 8, Belichtungszeit $1/125$. 25 ASA Film.

72. Villalago vom Flugzeug aus. Februarmorgen. Elmarit-R 90. Blende 4, Belichtungszeit $1/500$. 64 ASA Film.

73. Opi vom Flugzeug aus gesehen. Februarmorgen. Summicron-R 50. Blende 4, Belichtungszeit $1/1000$. 64 ASA Film.

74. Celano. Das Dorf und das Kastell. Im März, in der Früh. Elmarit-R 90. Blende ganz geöffnet, 2,8, Belichtungszeit $1/1000$. 64 ASA Film.

75. Celano. Das Piccolomini-Kastell. Im Juni, Morgenlicht. Summicron-R 35. Blende 5,6, Belichtungszeit $1/125$. 25 ASA Film.

76. Avezzano vom Flugzeug aus gesehen. Im Juli, zu Mittag. Elmarit-R 90. Blende 4, Belichtungszeit $1/500$. 64 ASA Film.

77. Sulmona. Santa Maria della Scarpa. Julimorgen. Elmar-R 180. Blende 5,6, Belichtungszeit $1/250$. 64 ASA Film.

78. L'Aquila vom Flugzeug aus gesehen. Aprilmorgen. Elmarit-R 90. Blende 4, Belichtungszeit $1/500$. 64 ASA Film.

79. L'Aquila. Das Stadtzentrum vom Flugzeug aus gesehen. Im September, zu Mittag. Elmarit-R 90. Blende ganz geöffnet, 2,8, Belichtungszeit $1/1000$. 64 ASA Film.

80. L'Aquila. Tritonen vom Brunnen auf dem Hauptplatz. Früher Nachmittag im Juli. Apo-Telyt-R 180. Blende 5,6, Belichtungszeit $1/60$. 64 ASA Film.

81. L'Aquila. Der Kupfer-Markt. Summicron-R 90. Im September, Morgenlicht. Blende 4, Belichtungszeit $1/250$. 64 ASA Film.

82. L'Aquila. Das Spanische Kastell vom Flugzeug aus. Märzmorgen. Elmarit-R 90. Blende 4, Belichtungszeit $1/1000$. 64 ASA Film.

83. L'Aquila. Das Kastell. Das Wappen Karls V. Telyt-R 350. Blende 8, Belichtungszeit $1/125$. 64 ASA Film.

84. L'Aquila. Der 99-Quellen-Brunnen. Super Elmar 15. Blende 5,6, Belichtungszeit $1/250$. 64 ASA Film.

85. L'Aquila. Der 99-Quellen-Brunnen. Elmarit-R 135. Blende 5,6, Belichtungszeit $1/125$. 64 ASA Film.

86. L'Aquila. Santa Maria di Collemaggio. Nachmittag im Juni. Elmarit-R 90. Blende 5,6, Belichtungszeit $1/125$. 64 ASA Film.

87. L'Aquila. Santa Maria di Collemaggio. Die Fensterrosette. Telyt-R 350. Blende 8, Belichtungszeit $1/60$. Stativ. 25 ASA Film.

88. L'Aquila. San Bernardino. Detail. Julimorgen. Elmarit-R 90. Blende 5,6, Belichtungszeit $1/250$. 64 ASA Film.

89. L'Aquila. San Bernardino. Julimorgen. Elmarit-R 90. Blende 8, Belichtungszeit $1/250$. 64 ASA Film.

90. L'Aquila. Via San Martino. Nachmittag im September. Summilux-R 50. Blende 2,8, Belichtungszeit $1/125$. 64 ASA Film.

91. Chieti. Das alte Stadtzentrum vom Flugzeug aus gesehen. Im September, zu Mittag. Elmarit-R 90. Blende ganz geöffnet, 2,8, Belichtungszeit $1/1000$. 64 ASA Film.

92. Salle. Die Burg der Barone von Genua. Nachmittag im September. Bedeckter Himmel. Super Angulon-R 21. Blende 5,6, Belichtungszeit $1/60$. 64 ASA Film.

93. Salle. Luftaufnahme der Burg der Barone von Genua. Im September. Elmarit-R 90. Blende ganz geöffnet, 2,8, Belichtungszeit $1/500$. 64 ASA Film.

94. Der Dom von Atri. Im Juli, zu Mittag. Summicron-R 35. Blende 8, Belichtungszeit $1/250$. 25 ASA Film.

95. Atri. Romanisches Portal des Doms. Im Juli, zu Mittag. Apo Telyt-R 180. Blende 8, Belichtungszeit $1/60$. Stativ. 25 ASA Film.

**96.** Teramo. Löwenstatuen am Eingang des Doms. Nachmittag im September. Elmarit-R 90. Blende 5,6, Belichtungszeit $1/60$. 64 ASA Film.

**97.** Teramo. Löwenstatuen an der Vorderseite des Doms. Elmarit-R 135. Blende 4, Belichtungszeit $1/125$. 64 ASA Film.

**98.** Pescara. Luftaufnahme mit dem Strand im Hintergrund. Ende August, in der Früh. Elmarit-R 90. Blende 4, Belichtungszeit $1/500$. 64 ASA Film.

**99.** Pescara. Der Strand. Luftaufnahme. Elmarit-R 135. Blende ganz geöffnet, 2,8, Belichtungszeit $1/1000$. 64 ASA Film.

**100.** Ortona. Sonnenaufgang über dem Meer. Im Oktober. Telyt-R 350. Blende 5,6, Belichtungszeit $1/125$. 64 ASA Film.

Fotonachweis:
Die Fotos 8, 9, 10 und 11 stammen von Giuliano Cappelli, Archiv LIPU;
das Foto 44 wurde freundlicherweise von der Region Abruzzen zur Verfügung gestellt; alle anderen Fotos stammen von Fulvio Roiter.

Verlag Anton Schroll & Co
Wien und München

## Eine Auswahl unserer großzügig ausgestatteten Album-Bildbände

**BRASILIEN**
164 Seiten mit 122 Farbbildern

**AUSTRALIEN**
240 Seiten mit 196 Farbbildern

**PARIS**
244 Seiten mit 193 Farbbildern

**FARBIGES MOSKAU**
160 Seiten mit 110 Farbbildern

**APULIEN**
180 Seiten mit 173 Farbbildern

**MAILAND**
232 Seiten mit 230 Farbbildern

**ROM**
240 Seiten mit 216 Farbbildern

**SIENA**
212 Seiten mit 152 Farbbildern

**SIZILIEN**
176 Seiten mit 145 Farbbildern

**TÜRKEI**
168 Seiten mit 137 Farbbildern

**NATURSCHÖNHEITEN DER USA**
240 Seiten mit 158 Farbbildern

**PROVENCE UND CAMARGUE**
228 Seiten mit 200 Farbbildern

**WIEN**
224 Seiten mit 182 Farbbildern

Weitere Werke des italienischen Meisterfotografen Fulvio Roiter:

**FLORENZ UND DIE TOSCANA**
240 Seiten mit 236 Farbbildern

**TRAUMHAFTES VENEDIG**
240 Seiten mit 201 Farbbildern

**VENEDIG.** Impressionen
168 Seiten mit 142 Farbbildern

**KARNEVAL.** Maskenspiele in Venedig
76 Seiten mit 55 Farbbildern

**CAPRI**
82 Seiten mit 67 Farbbildern

**VERONA.** Opernfestspiele ·
Gardasee · Scaligerburgen
180 Seiten mit 140 Farbbildern

**FRIAUL** · Julisch-Venetien
172 Seiten mit 264 Farbbildern

**AUGENBLICKE**
Dieser Band vermittelt in ausdrucksstarken Bildern Eindrücke von Reisen durch Europa, Amerika und Afrika.
96 Seiten mit 58 Schwarzweißbildern (besonders gute Tiefenwirkung durch dreifarbigen Druck)